Cher.e dirigeant.e, entrepreneur.e de vie,

L'Univers a besoin de votre action, de votre avancée sur la voie qui vous est propre, celle qui vous convient parfaitement, et que nous allons découvrir à travers ce cahier de transformation. Ce cahier est le vôtre. Il est interactif, utilise des vidéos et des audios dont les liens sont à l'intérieur des pages. Combiner ce travail sur vous-même avec celui de l'Arbre de Vie Économique augmentera sa puissance.

Prendre une telle initiative est un acte à la fois courageux et libérateur pour plusieurs raisons :

- Ce programme original fera ressortir votre unicité

- Vous êtes prêt à mettre de côté les codes communément acceptés pour vous connecter à votre moi intérieur et définir votre propre mission, alignée avec l'âme de votre entreprise, ou projet professionnel.

- Une fois que vous aurez trouvé votre juste place et qu'elle résonne, vous pourrez revenir aux normes socialement acceptables. Et ainsi utiliser les codes qui vous sont utiles et surtout les adaptez à votre mission.

Merci pour votre confiance

Bienvenue dans ce programme de transformation profonde, en prospérité.

MORGANE ROLLANDO SOUL & BIZ® | TRANSFORMATION WORKBOOK

Instagram

Youtube

Note de l'auteur

Veuillez noter que ce livre est un outil d'auto-développement, utilisé comme support pour définir le raison d'être de votre entreprise et votre stratégie professionnelle. Il peut être utilisé indépendamment ou en support de l'un de nos programmes. Comme nous travaillons avec des émotions profondes, le travail peut réveiller des sensibilités de votre part.
Ce n'est pas un outil médical. Si vous avez besoin d'un avis médical ou d'une aide psychologique, veuillez vous adresser à un médecin ou à un psychologue.
Pour toutes les autres questions, je suis ravie de contribuer à votre succès !

www.morganerollando.com

 FAQ

Remerciements

Merci à Maelle et Gwladys, mes deux filles extraordinaires, véritables réservoirs d'énergie , qui contribuez à me faire croire que le champs des possibles du futur est grand ouvert. Nous le construisons collectivement ici et maintenant.

Merci à toi Mikaella, mon âme soeur, associée dans le monde visible et invisible. Ensemble, nous continuerons à construire ce capitalisme collaboratif.

Merci à toi, Bernadette, ma fée des scénarios, pour ta patience, ton ouverture d'esprit et ta bienveillance avec mes compétences littéraires ou de présentation.
www.visibilitybranding.fr

Merci à toi, Ella, mon premier disciple comme corporate shaman.
Notre rencontre a été magique, et nous avons pu créer ce merveilleux outil ensemble dans un temps très limité.
LinkedIn Ella Matijas
@lavoie.x della

Bénéfices

QUOI

1. Vous connecter à votre mission de leader
2. Révéler la raison d'être de votre entreprise
3. Les relier à la prospérité économique

COMMENT

- Des actions concrètes, immédiates et personnalisées
- Identification et dissolution de blocages émotionnels et économiques
- Synergie => travail et perception holistiques

OUTILS

- Intégration de rituels simples et efficaces
- Méthode « Incarner le changement »
- Arbre de vie économique

DES CHANGEMENTS PROFONDS ET VISIBLES

Comme les montagnes de mon logo, la vie d'entreprise comprend beaucoup de défis à relever. En prenant une nouvelle perspective, pour visualiser ces obstacles avec la hauteur et la légèreté du
cerf-volant, vous les surmonterez avec le sourire.

RAPPEL

Entreprendre un programme d'alignement demande avant tout de la persévérance, de la sincérité avec soi-même pour une prise de conscience de son plein potentiel.
Les résultats sont à la fois subtils et très puissants. Comme l'effet papillon dont vous ressentirez les vibrations grandissantes tout au long de l'expérience.

Une évolutioon claire va se dessiner lors de votre avancement sur ce cahier pratique. Si vous souhaitez aller plus loin avec un suivi personnalisé, j'ai conçu ces programmes pour vous.

ALIGNEMENT ONE SHOT

Il s'agit d'une séance de transformation d'entreprise. Vous définirez donc l'intention ou le défi sur lequel vous souhaitez travailler, en relation avec votre entreprise.

ALIGNEMENT BUSINESS

Cette expérience holistique contribuera à révéler votre valeur intrinsèque et votre mission. Elle participe à la transformation de votre entreprise et affinant sa trouver sa raison d'être. L'alignement fait émerger les synergies vers une parfaite harmonie de l'ensemble, favorisant la prospérité économique.

GOVERNANCE ET BUSINESS

Le programme de transformation de l'entreprise dédié aux cofondateurs / associés / membres du COMEX. À ceux qui ressentent le besoin de se (ré)aligner avec leur entreprise, le reste de l'équipe ou les parties prenantes.Cette expérience holistique faire émerger, redéfinir les contours de la raison d'être de l'entreprise pour concevoir une stratégie adaptée. Et servir de dénominateur commun au sein du groupe.

FORTIFICATION DE L'ALIGNMENT

Un plan personnalisé sera établi pour renforcer le travail effectué dans le cadre du programme Business Alignment. La stratégie sera élaborée en fonction des objectifs et du cadre fixés ensemble.

Sommaire

INTRODUCTION

QUIZ : DÉFINIR LES CONTOURS DE VOTRE VOIE

PHASE 1 : RÉVÉLER VOTRE ÂME INTÉRIEURE

PHASE 2 : RÉVÉLER LA RAISON D'ÊTRE DE VOTRE ENTREPRISE

PHASE 3 : MODÈLE ET INDICATEURS ÉCONOMIQUES

PHASE 4 : MODÈLE ÉCONOMIQUE

RITUELS ET EXERCICES

DÉFINITIONS

ARBRE DE VIE ÉCONOMIQUE

Qui je suis

Une femme d'affaires, serial entrepreneur, ayant créé plusieurs entreprises, investisseuse dans d'autres, une chamane d'entreprise et une survivante des épreuves de la vie.

J'ai 20 ans d'expérience dans des entreprises multinationales, dans des startups et en tant qu'entrepreneur. Mon expérience a été jalonnée de transformation d'entreprises en Europe, Moyen-Orient, Afrique et Amériques. J'ai étudié en France et aux Pays-Bas, avec des échanges en Afrique du Sud, au Mexique, au Brésil et en Chine. Je suis diplômée d'un executive MBA en management international, et d'un master en finance.

Et surtout, je suis en formation permanente, avec une grande pratique du développement personnel, comme la communication non violente, l'écoute active et de l'innovation.

Ma passion pour l'entrepreneuriat et l'innovation m'ont fait pousser d'autres portes :

Comme investisseuse, j'allie productivité et utilité à mon argent

Je partage cette passion pour l'innovation en entreprise et les initiatives privées en intervenant en écoles de commerce et en conférences.

Ma motivation profonde est de contribuer à la réussite des transformations de l'entreprise, en mettant l'humain au centre, en contribuant à écrire de nouvelles histoires et à concevoir des solutions uniques.

J'ai survécu à trois expériences tragiques de mort imminente. La dernière a été la plus effrayante. Elle m'a épuisée physiquement et énergétiquement. J'ai été attaquée par la magie noire. C'était dévastateur, une véritable tornade dans ma vie. J'ai réalisé que c'était un appel chamanique. A travers cette expérience, j'ai découvert le pouvoir de l'invisible. J'ai développé mes compétences énergétiques par petites touches, en donnant des clés à mes proches sur leurs blocages somatiques, les connectant à leur moi profond via leurs émotions et ma canalisation d'énergie. J'ai aiguisé et affiné cette aptitude. Jusqu'à ce que sa puissance intègre mon offre commerciale unique et innovante. Je suis devenue Morgane Rollando, Corporate Shaman à Paris.

Mon rôle de chamane d'entreprise est de contribuer à aligner le monde des affaires avec le monde invisible et pourtant bien présent. Celui que nous ressentons tous sans pouvoir le toucher.

Je propose, en plus de ce livre, des programmes dédiés aux dirigeants, et l'Arbre de Vie Économique en poster pour créer une approche holistique. Je me connecte à votre mission de leader et à celle de votre organisation, et les associe à sa prospérité économique.

Ce cahier pratique en est inspiré, un outil conçu pour vous. J'espère qu'il stimulera votre transformation, et activera votre développement économique et spirituel. Et surtout, que vous vous y prendrez autant de plaisir àque moi, en l'écrivant.

Tous mes vœux sur ce chemin de lumière.

Ma Mission

Connecter
les Dirigeants
à leur
Âme d'Entreprise

Raison d'Être de Morgane Rollando Soul & Biz®

Aligner
la Prospérité Économique
à
la *Mission du Dirigeant*
et à
la Raison dëtre du *Business*

L'âme de l'entreprise

Une entreprise, une organisation, un business, voire un projet professionnel, est un organisme vivant, clairement différent de la personne de son/ses fondateurs, ou du ou des chefs d'entreprise. Il évolue sur son propre chemin, avec une énergie qui lui est propre, même si elles sont étroitement liées, surtout au début.

L'entreprise a une mission différente de celle de l'entrepreneur, et évolue au sein de son propre écosystème.

Dans ce cahier d'exercices, nous allons vous guider pas à pas:

- Préparer l'espace pour votre « moi authentique ». Plonger en profondeur dans l'intériorité et les émotions du leader et définir l'essence de votre « mission »

- Faire émerger votre « nouvelle entreprise » avec une résonance forte. Vous connecter directement à l'âme de votre Business.

- Tout commence avec la raison d'être, ou la manière qu'a/aura l'entreprise de contribuer à faire du monde un meilleur endroit. Une fois que l'âme ou la raison d'être l'entreprise est clairement posé, il servira de guide, de feuille de route pour l'entreprise ou le projet professionnel. Toutes les parties prenantes pourront s'y connecter et y contribuer. Les interactions avec l'entreprise seront centrées sur la raison d'être, pour mieux servir le client.

- Ce n'est qu'ensuite que nous aborderons les données économiques tangibles, pour les construire en levier de la raison d'être, pour construire des fondations solides et authentiques.

Nous abordons ici le point central qui est l'alignement entre la mission du leader, la raison d'être du business et les indicateurs économiques.

Je suis ravie de vous convier à ce merveilleux voyage d'alignement et de contribuer à l'émergence de votre véritable histoire.

Introduction au concept

Ce cahier de transformation et l'Arbre de Vie Économique associé représentent un environnement sécurisé au sein duquel vous pouvez vous exprimer librement, sans code ni jugement.

L'Arbre de Vie Économique est un outil unique que j'ai conçu. Il allie l'énergie de l'archétype fondamental de l'arbre de vie, qui existe dans de nombreuses croyances et mythologies, avec la force du modèle économique en gage de réussite de votre entreprise et de sa mission. Au fil des pages, je vous accompagne à construire votre propre et unique Arbre de Vie Économique.

Le temps de respiration est essentiel à la conception, pour construire des bases solides. Des pages de silence, des pages blanches et de l'espace pour écrire sont présents tout au long de votre cahier pratique. Pour vous donner le temps de réfléchir, de l'espace pour créer et en prime éteindre votre ordinateur quelques minutes ou plus.

La transformation s'accompagne souvent de chaos.
L'inconfort précède la croissance et l'épanouissement. Soyez prêt à sortir de votre zone de confort, à franchir cette étape supplémentaire nécessaire à votre alignement.

 Site

Soyez prêt, au sein de cet espace sécurisé, à :

1. Vous libérer des règles et codes communément admis
2. Vous reconnecter à votre moi profond
3. Vous libérer des blocages qui vous freinent
4. Définir votre juste place
5. Revenir ancré et aligné au sein de la société en utilisant ses codes

Utilisez ce livre à votre rythme et dans l'ordre qui vous convient. Prenez le temps nécessaire pour vous consacrer à cette transformation. Pour une expérience intense et dynamique, je vous recommande une semaine par phase, en essayant de ne pas dépasser plus d'un mois entre deux phases.

Parfois, le processus peut nécessiter plus de temps, ou vous disposez de moins de temps pour vous y consacrer. Vous pouvez aussi avoir besoin d'y revenir par la suite. Cela peut se produire lorsque des souvenirs, des aspects de votre personnalité ou des peurs intenses font leur apparition dans le processus de travail. Ces éléments sont révélateurs. C'est le bon moment et le bon endroit pour travailler dessus. Écoutez votre intuition quant à l'intensité du processus, et n'hésitez pas à demander de l'aide en cas de besoin. Il n'y a aucune honte à demander de l'aide.

Le cahier pratique est interactif et fonctionne mieux avec :
- Des vidéos et audios (QR codes sur les pages)
- Un arbre de vie économique
- Questions-réponses sur notre site Web

morganerollando.com

BIENVENUE DANS CE FABULEUX VOYAGE INTÉRIEUR

Quiz 1

ÊTES-VOUS PRÊT À VOUS (RE)CONNECTER À L'ÂME DE VOTRE BUSINESS ?

1. Pourquoi avez-vous décidé d'entreprendre ce travail de sens maintenant ?

2. Avez-vous déjà vécu une expérience holistique ou énergétique? Si oui, écrivez le.
   - [ ] OUI
   - [ ] NON

3. Avez-vous un projet d'entreprise/professionnel ? Si oui, décrivez le.
   - [ ] OUI
   - [ ] NON

4. Vos intentions de vie personnelle sont-elles claires ? Quelles sont-elles ?
   - [ ] OUI
   - [ ] NON

5. Vos intentions de vie professionnelle sont-elles claires ? Quelles sont-elles?
   - [ ] OUI
   - [ ] NON

6. Connaissez-vous les défis auxquels vous avez à faire face ? Quels sont-ils ?
   - [ ] OUI
   - [ ] NON

7. Connaissez-vous vos blocages ? Quels sont-ils ?

☐ **OUI**   ☐ **NON**

8. Êtes-vous prêt à faire franchir le pas du travail sur vous-même pour faire de cette expérience une réussite ?

☐ **OUI**   ☐ **NON**

9. Êtes-vous prêt à lâcher les restrictions qui vous retiennent actuellement ? Êtes-vous prêt à repousser vos limites, vos croyances ?

☐ **OUI**   ☐ **NON**

10. Êtes-vous ouvert au changement ?

☐ **OUI**   ☐ **NON**

11. Quelle place laissez-vous au doute dans le contrôle de vos actions ?

☐ **OUI**   ☐ **NON**

12. Laissez-vous vos peurs vous guider ?

☐ **OUI**   ☐ **NON**

13. Êtes-vous à l'écoute de vos propres besoins ?

☐ **OUI**   ☐ **NON**

14. Croyez-vous en vos rêves ?

☐ **OUI**   ☐ **NON**

15. Êtes-vous prêt à les réaliser ?

☐ OUI   ☐ NON

16. Êtes-vous en auto-sabotage ?

☐ OUI   ☐ NON

17. Vous attendez-vous au pire lorsque vous démarrez un nouveau projet ?

☐ OUI   ☐ NON

18. Envisagez-vous la meilleure option lorsque vous démarrez un nouveau projet ?

☐ OUI   ☐ NON

19. Votre propre réussite, future ou présente, vous fait-elle peur ?

☐ OUI   ☐ NON

20. Êtes-vous à l'écoute de votre corps ?

☐ OUI   ☐ NON

21. Êtes-vous attentif aux signaux externes ? Aux vibrations ?

☐ OUI   ☐ NON

22. Prenez-vous beaucoup en compte les attentes des autres ?

☐ OUI   ☐ NON

23. Savez-vous prendre du recul face à une situation critique ?

☐ OUI   ☐ NON

24. Êtes-vous une personne qui tient toute l'organisation sous contrôle?

☐ OUI   ☐ NON

25. Avez-vous le syndrome FOMO, Frousse Obsessionnelle de Manquer la moindre Occasion ?

☐ OUI   ☐ NON

26. Avez-vous parfois des attentes sans savoir exactement quoi ?

☐ OUI   ☐ NON

27. Avez-vous parfois du mal à exprimer, mettre en mots vos ressentis ?

☐ OUI   ☐ NON

28. Avez-vous parfois du mal à affirmer vos convictions ?

☐ OUI   ☐ NON

29. Êtes-vous sujet à des croyances limitantes ?

☐ OUI   ☐ NON

30. Croyez-vous que le succès ne vient qu'avec un travail acharné ?

☐ OUI   ☐ NON

31. Pensez-vous que faire quelque chose de travers est un échec ?

☐ OUI   ☐ NON

32. Pensez-vous souvent qu'il vous manque quelque chose : de la chance, du talent, de l'argent, du temps…?

☐ OUI   ☐ NON

33. Prenez-vous soin d'éviter les risques ?

☐ OUI   ☐ NON

34. Envisagez-vous des astuces pour contourner les risques identifiés ?

☐ OUI   ☐ NON

35. Pensez-vous qu'il est trop tard ?

☐ OUI   ☐ NON

36. Que vous êtes trop vieux ? ou trop jeune ?

☐ OUI   ☐ NON

NOTES:

Résultats du quiz

1. Présentation

2. Oui : 1 Non : 0

3. Oui : 1 Non : 0

4. Oui : 1 Non : 0

5. Oui : 1 Non : 0

6. Oui : 1 Non : 0

7. Oui : 1 Non : 0

8. Oui : 1 Non : 0

9. Oui : 1 Non : 0

10. Oui : 1 Non : 0

11. Oui : 0 Non : 1

12. Oui : 0 Non : 1

13. Oui : 1 Non : 0

14. Oui : 1 Non : 0

15. Oui : 1 Non : 0

16. Oui : 0 Non : 1

17. Oui : 0 Non : 1

18. Oui : 1 Non : 0

19. Oui : 0 Non : 1

20. Oui : 1 Non : 0

21. Oui : 1 Non : 0

22. Oui : 0 Non : 1

23. Oui : 1 Non : 0

24. Oui : 0 Non : 1

25. Oui : 0 Non : 1

26. Oui : 1 Non : 0

27. Oui : 1 Non : 0

28. Oui : 1 Non : 0

29. Oui : 0 Non : 1

30. Oui : 0 Non : 1

31. Oui : 0 Non : 1

32. Oui : 0 Non : 1

33. Oui : 0 Non : 1

34. Oui : 1 Non : 0

35. Oui : 0 Non : 1

36. Oui : 0 Non : 1

De 28 à 35: L'alignement entre spiritualité et rationalité est votre quotidien.

Vous êtes déjà très engagé dans la spiritualité et votre mission de vie. Elle fait partie intégrante de vos activités et vous a déjà ouvert des portes.
Nous allons ensemble la consolider pour l'ancrer dans l'action et la matière.

De 19 à 27: La spiritualité fait partie de certains aspects de votre vie.

Vos avez déjà approché la spiritualité et le développement personnel. Cela a clairement un effet sur vous, et vous avez bien intégré le pouvoir de l'intention pour certains aspects de votre vie, que ce soit conscient ou inconscient.
Ensemble, nous allons les conscientiser pour décupler ce flux d'énergie, en lien avec votre rationalité

De 10 à 18: Créatif, mais rationnel

Vous aimez parfois laisser libre cours à votre créativité, en écoutant votre petite voix. Souvent, ses conseils se révèlent justes. Et vous en êtes surpris.
Vous êtes au bon endroit pour apprendre à lui faire de plus en plus confiance, puis en la branchant directement sur votre rationalité pour la développer avec ambition.

De 0 à 9: Ultra rationnel

Vous décortiquez et analysez ce que vous voyez, ou vivez suivant les modèles que vous connaissez et que vous avez appris. Cela doit fonctionner, pas de place à l'improvisation.
Vous êtes au bon endroit pour commencer à lâcher prise sur ce socle constitué surtout de compétences acquises et ouvrir la porte à votre créativité en complément

Quiz 2

ÊTES-VOUS PRÊT À VOUS (RE)CONNECTER À L'ÂME DE VOTRE BUSINESS ?

Notez vos réponses sur une échelle de 0 à 5

1. Dans quelle mesure vos clients sont-ils satisfaits aujourd'hui?

2. Dans quelle mesure êtes-vous satisfait de vos clients ?

3. Votre entreprise reflète-t-elle vos convictions profondes ?

4. Votre communication reflète-t-elle la mission qui vous anime?

5. Comment formulez-vous votre objectif commercial ?

6. Comment travaillez-vous en relation avec vos parties prenantes ?

7. Avez-vous défini des Indicateurs de performance économique? Les suivez-vous ?

8. Avez-vous défini des indicateurs de performance RSE (Responsabilité Sociétales des Entreprises) ? Si oui, les suivez-vous ?

9. Avez-vous défini des indicateurs de performance concernant la raison d'être de l'entreprise ?

10. Pensez-vous que les synergies entre vous, votre entreprise et votre écosystème favorisent les synchronicités ?

Résultats du quiz 2

De 41 à 50 : Alignement avancé
Vous êtes totalement aligné entre vos projets personnels et professionnels et pouvez les suivre en chiffres.
Bravo ! Nous allons ensemble renforcer ces données, pour mieux faire rayonner votre raison d'être avec prospérité.

De 31 à 40 : Alignement en cours
Vous respirez votre vie professionnelle, faites des allers-retours fréquents entre vos aspirations profondes et leur représentation dans le monde professionnel.
Vous êtes sur la bonne voie. Avec le travail de ce cahier, vous allez fluidifier l'harmonie entre les deux

De 21 à 30 : Équilibre satisfaction personnelle développement professionnel
Les deux pans de votre vie, pro et perso, semblent chacun à l'équilibre, avec quelques interactions entre les deux, mais pas trop.
Tenir ce cahier entre vos mains signifie que vous avez pris la décision de les aligner pour développer toute leur puissance

De 11 à 20 : Travail et épanouissement personnel vont-ils de pair ?
L'épanouissement personnel, vous le pratiquez déjà dans votre vie privée, mais n'avez pas encore passé le pas de l'appliquer à votre vie professionnelle. Or, nous surtouts bons lorsque nous pratiquons une activité que l'on aime et qui nous parle.
Le moment est venu de faire ressortir l'interaction entre professionnel et personnel.

De 0 à 10 : Travail alimentaire
Il faut bien gagner sa vie, ne serait-ce que pour vivre correctement. Cette déconnexion entre les aspects personnel et professionnel de votre vie empêche toute interaction entre les deux, de décupler leurs puissances mutuelles, pour un développement des deux, et de vous-même.
Et si nous commencions à inverser la donne ? Ce cahier est fait pour vous.

Définir votre voie en mots

D'où est ce que je viens ?

Où est ce que j'en suis maintenant ?

Vers où est ce que je me dirige ?

Définir votre voie en couleurs

Prenez des crayons de couleur, et laissez votre main

Incarner le changement

Au cours de mon expérience en transformation d'entreprise, j'ai développé une méthodologie unique « Incarner le Changement ». Cette méthode contribue à instaurer une transformation radicale et durable de l'entreprise en facilitant l'intégration par toutes les parties, tout en pilotant dans l'incertitude et la nouveauté.

1. **Poser l'Intention** : bien formuler la mission de l'entreprise

2. **Alignement** : pénétrer l'ADN d'une entreprise pour conduire la transformation

a. *Audit approfondi* : vue d'ensemble à 360° des parties prenantes et des opérations. Utilisation de l'écoute active
b. *Cartographier un plan d'action* à chaque niveau de l'organisation pour mettre en œuvre / refléter l'intention
c. *Prioriser* et ne garder que les tâches en ligne avec l'intention

3. **Les synchronicités** seront favorisées par la maîtrise de l'intention et de l'alignement, soyez conscient

4. **Flux et transparence** : partager un maximum d'informations, pour impliquer toutes les parties prenantes dans la réussite de l'organisation

a. *Refonte* des flux d'informations
b. *Créer* un terrain propice à une attitude ouverte et collaborative
c. *Communiquer* les objectifs, la mission dans le but d'impliquer toutes les parties prenantes. La régularité dans la forme, le fond et la récurrence, est importante, même si très concise

Incarner le changement

d. Actionnaires / Conseil d'Administration / Comité Exécutif / Salariés Partenaires / Clients / Toute partie prenante impliquée dans l'entreprise

5. **Simplicité, clarté** : plus c'est simple, mieux c'est

a. *Décomplexifier* et briser les silos
b. *Approche pédagogique* pour diffuser l'intention et la mission de l'entreprise à tous les niveaux de l'entreprise

6. **Action**

a. Toute décision doit être *immédiatement concrétisée* en action
b. *Attitude* de faiseux, recherchant du résultat, même minime.
c. *Démontrer* que le changement est en route

7. Prise en compte **l'impact** du monde invisible

a. Partie immergée de l'iceberg
b. Non-dits, influences indirectes
c. Fausses croyances ou perceptions

Méthode
Incarner le changement

Arbre de Vie Economique

L'arbre de vie économique est un produit unique, spécialement conçu pour compléter le cahier de transformation, rassemblant une vision globale de l'alignement que vous concrétisez avec ce programme. La forme de l'arbre reflète la vision de l'entreprise en tant qu'organisme vivant, donnant et recevant la vie.

Il existe en version imprimée A2, sur papier minéral, durable, et pouvant être utilisé et réutilisé autant que vous le souhaitez, pour suivre la de construction de votre modèle économique. Un toucher doux qui renforce le plaisir de travailler avec cet outil!

IVous pouvez le commander directement sur le site : corporateshamanparis.com

Accrochez-le dans un endroit visible, pour lui donner vie au fur et à mesure de votre progression. Ou gardez-le à portée de main (à l'intérieur du cahier par exemple), afin de pouvoir y accéder rapidement lorsque l'intuition vous interpelle.

F i x e z - l e   à   u n   e n d r o i t   o ù   v o u s   p o u r r e z   l e   v o i r
q u o t i d i e n n e m e n t .
P a r t a g e z - l e   s u r   I n s t a g r a m ,   e n   t a g u a n t
@ m o r g a n e r o l l a n d o _ s o u l b i z

Arbre de Vie Économique

Papier minéral Rocstar

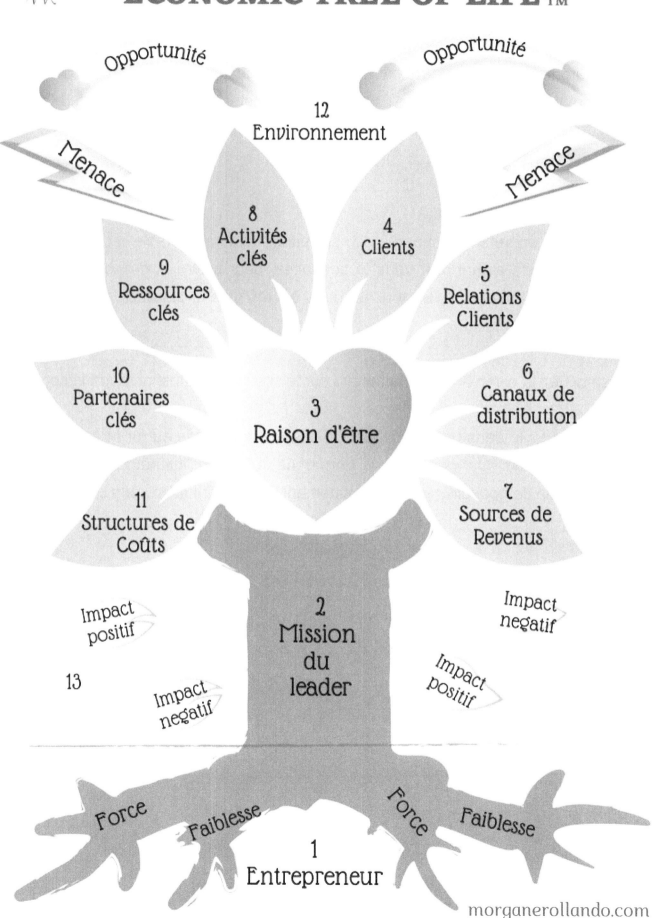

ECONOMIC TREE OF LIFE ™

morganerollando.com

PHASE 1

REVELER LA PROFONDEUR DE VOTRE ÂME

"SOYEZ VOUS-MÊME
TOUS LES AUTRES
SONT DÉJÀ PRIS"

OSCAR WILDE

Qui êtes vous?

Il s'agit de comprendre votre personnalité profonde, en identifiant :

- Vos forces & faiblesses
- Votre mission

Un chemin de vie s'écrit avec l'expérience, les faits et aussi avec les émotions et les sensations.

Notez ici tous les mots qui vous viennent à l'esprit pour vous définir, socialement, mais aussi en profondeur, vos compétences reconnues comme votre savoir-être.

- 3 souvenirs joyeux, pleins de bonheur, d'épanouissement, d'enthousiasme

    1-

    2-

    3-

- 3 souvenirs négatifs qui contiennent de la peur, de l'anxiété, de la colère ou de la tristesse

    1-

    2-

    3-

L'ombre et la lumière

Les deux existent dans le monde.

OUI, c'est à vous de calibrer et de choisir.

MAIS il est important de reconnaître que les ténèbres existent et sont inévitables dans votre vie, dans vos relations, dans votre environnement ou au fond de vous-même. Elles font surface de temps en temps et se présentent sur votre route. Il est bien d'en être conscient, pour y faire face, et agir en conséquence. C'est pourquoi il est essentiel de travailler à la fois sur les souvenirs et émotions tant positifs que négatifs.

Afin de sonder au plus profond de vous-même, le premier exercice de la page suivante, sera de choisir six souvenirs importants qui ont marqué votre histoire et contribué à façonner la personne que vous êtes aujourd'hui, sur les plans personnel et professionnel. Le plus important est l'intensité du moment et des émotions qui en découlent.

Souvenir Positif #1

1. Replongez dans le souvenir, décrivez les faits

2. Installez-vous et écouter la méditation d'émotion positive.

3. Ecrivez vos sensations

Méditation
émotions positives

4. À retenir:

Comment vous connecter à votre émotion positive ?

Comment l'écouter, percevoir les signaux corporels qu'elle vous envoie ?

Quelle est votre force pour réussir ?

Souvenir Positif #2

1. Replongez dans le souvenir, décrivez les faits

2. Installez-vous et écouter la méditation d'émotion positive.

3. Ecrivez vos sensations

Méditation émotions positives

4. À retenir:

Comment vous connecter à votre émotion positive ?

Comment l'écouter, percevoir les signaux corporels qu'elle vous envoie ?

Quelle est votre force pour réussir ?

Souvenir Positif #3

1. Replongez dans le souvenir, décrivez les faits

2. Installez-vous et écouter la méditation d'émotion positive.

3. Ecrivez vos sensations

Méditation émotions positives

4. À retenir:

Comment vous connecter à votre émotion positive ?

Comment l'écouter, percevoir les signaux corporels qu'elle vous envoie ?

Quelle est votre force pour réussir ?

Souvenir Négatif #1

1. Replongez dans le souvenir, décrivez les faits

2. Installez-vous et écouter la méditation d'émotion négative.

3. Écrivez vos sensations

Méditation émotions négatives

4. À retenir:

Comment vous connecter à votre émotion négative ?

Comment l'écouter, percevoir les signaux corporels qu'elle vous envoie ?

Quelle alerte vous envoie-t-elle ?

Quelles faiblesses avez-vous à prendre en compte ?

Comment pouvez-vous les contourner, faire avec ou les compenser ?

Souvenir Négatif #2

1. Replongez dans le souvenir, décrivez les faits

2. Installez-vous et écouter la méditation d'émotion négative.

3. Écrivez vos sensations

Méditation émotions négatives

4. À retenir:

Comment vous connecter à votre émotion négative ?

Comment l'écouter, percevoir les signaux corporels qu'elle vous envoie ?

Quelle alerte vous envoie-t-elle ?

Quelles faiblesses avez-vous à prendre en compte ?

Comment pouvez-vous les contourner, faire avec ou les compenser ?

Souvenir Négatif #3

1. Replongez dans le souvenir, décrivez les faits

2. Installez-vous et écouter la méditation d'émotion négative.

3. Écrivez vos sensations

Méditation émotions négatives

4. À retenir :

Comment vous connecter à votre émotion négative ?

Comment l'écouter, percevoir les signaux corporels qu'elle vous envoie ?

Quelle alerte vous envoie-t-elle ?

Quelles faiblesses avez-vous à prendre en compte ?

Comment pouvez-vous les contourner, faire avec ou les compenser ?

PAGE DE SILENCE

Le silence et le vide et représentent un espace rien que pour soi. Un espace sûr où vous pouvez créer, construire quelque chose de nouveau. C'est une nécessité absolue de fournir à votre âme un terrain d'innovation, de solutions créatives.

Prenez le temps d'écouter le silence

Après votre moment de silence, écrivez ci-dessus les idées qui viennent... ou gardez une page vide

 Le silence

Forces

Maintenant que vous avons traversé les émotions et souvenirs positifs, notez les forces uniques que vous venez de révéler ou que vous connaissez depuis longtemps. Et celles qui sont apparues pendant la méditation.

- En quoi êtes-vous bon ?

- En quoi êtes-vous excellent ?

- Seul ou en équipe ?

- Vos compétences rationnelles

- Vos connaissances et expériences

- Est ce que vous prenez du temps libre ?

- Est ce que vous vous sentez heureux ?

- Qu'avez-vous envie de développer ?

ÉCRIVEZ-LES DANS LES RACINES DE VOTRE **ARBRE DE VIE ÉCONOMIQUE**, DANS LE CADRE DE VOS RESSOURCES INTÉRIEURES

Faiblesses

Maintenant que vous avons traversé les émotions et souvenirs négatifs, notez les faiblesses uniques que vous venez de révéler ou que vous connaissez depuis longtemps. Et celles qui sont apparues pendant la méditation.

- Manifestations récurrentes

- À quoi devez-vous faire attention ?

- Quels sont vos domaines à améliorer?

- Quelles astuces de contournement avez-vous identifiées ? Comment pouvez-vous les mettre en place ?

ÉCRIVEZ-LES DANS LES RACINES DE VOTRE **ARBRE DE VIE ÉCONOMIQUE**, DANS LE CADRE DE VOS RESSOURCES INTÉRIEURES

Normes - Confinement

- Dressez la liste des codes, règles et réglementations, auxquels vous pensez, écrits ou non-écrits, ceux que vous suivez au quotidien.

- Pour chacun, notez comment ils vous empêchent d'atteindre l'objectif de vos rêves.

RÈGLES QUE VOUS SUIVEZ **COMMENT ELLES VOUS BLOQUENT**

Vos défis

Maintenant que vous avez identifié certaines des règles qui vous empêchent d'être vous-même, nous allons déterminer d'autres manières d'agir

1. Listez vos défis

2. Définissez des voies alternatives pour arriver à vos fins

3. Notez les aides qui me seront nécessaires : qui et quoi.

Vous pourrez les rechercher une fois que vous aurez identifié votre besoin

La pensée positive

Le cerveau enregistre et se souvient des mots et non de leur négation

Cela signifie que, lorsque vous dites "Je ne veux pas retourner à mon emploi précédent", votre cerveau se souviendra de "Retourner à mon emploi précédent", et c'est l'information qui est donnée à votre intuition, à votre comportement.

Au lieu d'utiliser la forme négative, pensez à utiliser la forme positive, afin que votre subconscient enregistre les informations que vous désirez réellement lui transmettre.
 Dans ce cas, vous diriez : « Je veux trouver un nouvel emploi », ou « Je veux créer ma propre entreprise », « Je veux travailler dans l'innovation » ....

Exercice

Écrivez quelques phrases, tirées de votre vie quotidienne ou professionnelle, que vous utilisez régulièrement à la forme négative.
Reformulez-les avec une forme positive et active.
Ensuite, entraînez-vous à utiliser la pensée positive, pour tout type de réflexion.

FORME NEGATIVE	REFORMULATION POSITIVE

1. Comment est-ce que vous vous sentez ?

2. Et après quelques jours de pratique?

3. À quel rythme avez-vous pu mettre cela en action ?

Piège des pensées négatives

Utilisez-vous des pensées négatives ?
Vous laissez-vous piéger par elles ?

- Extrême : choix binaire, soit A ou B, sans tempérisation ou recul

- Généraliser à l'excès : « jamais », « à chaque fois que je », « toujours»

- Dénigrement : « je dois réussir », « je ne suis pas assez bon »

- Trop exigeant : « je dois », « il faut que», « je devrais vraiment »

- Filtre négatif : « je n'ai rien fait »

- « En supposant que...»

- Enfermement

- Approche négative : et « si c'était le cas » vs « ce n'était pas le cas »

Exercice

1. Identifiez vos pensées négatives

2. Comment pouvez-vous les changer ?

Arbre de Vie Économique
RACINES

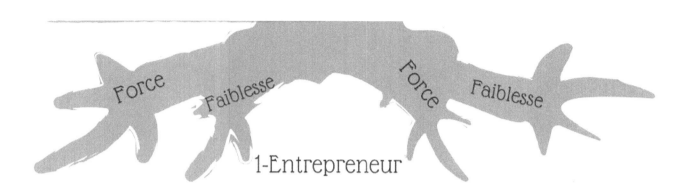

1. **Forces et Faiblesses** de l'entrepreneur : reprenez les émotions qui se sont dégagées lors de l'expérience holistique et méditative sur l'entrepreneur

    a. A l'aide de votre stylo Frixion effaçable, un post-it ou un autre stylo, reportez les forces et faiblesses identifiées lors des pages précédentes au sein de votre Arbre de Vie Économique.

    b. Vous retiendrez celles qui font vibrer le plus d'émotions.

Écrivez-les dans les racines de votre **Arbre de Vie Économique**, dans le cadre de vos ressources intérieures

Tableau de visualisation

Plongez-vous dans la méditation des émotions positives

Une fois que vous êtes de retour dans ce sentiment émotionnel, c'est le bon moment pour commencer votre tableau de visualisation.

Choisissez des images, des mots, des citations, via un moteur de recherche sur internet (mots, couleurs, sentiments qui vous viennent) ou sur papier (vieux magazines, journaux). Coupez, collez, fixez, écrivez sur une feuille de papier (le format A3 est recommandé), comme cela vous vient.

S'il est des éléments de votre vie que vous souhaitez voir apparaître, pensez à leur réserver un espace.

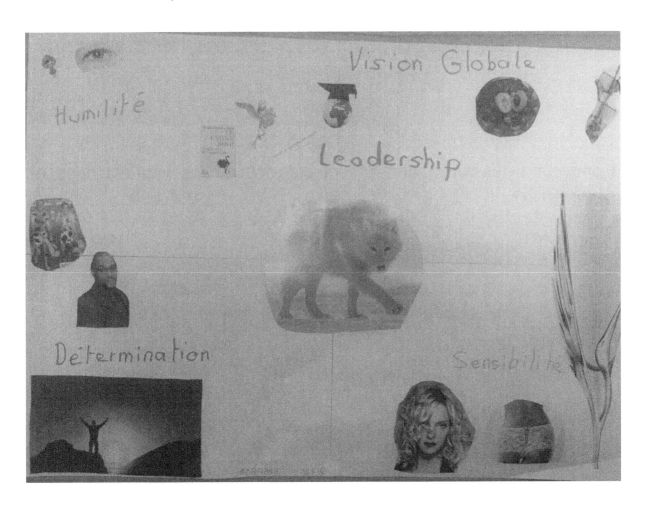

Positionnez-le à un endroit où vous pouvez le voir quotidiennement.
Partagez-le sur Instagram, en taguant @morganerollando_soulbiz

Check in hebdomadaire

- Statut des objectifs

- Est-ce que vous êtes sur la bonne voie ?

- Comment faites-vous actuellement l'expérience de vos émotions er sentiments ?

- Qu'est-ce que cela vous apprend ?

- Comment les utilisez-vous ?

- Quel domaine avez-vous encore à travailler ?

- Sur quel domaine souhaitez-vous vous concentrer d'avantage ?

- Liste de vos prochaines tâches prioritaires

PHASE 2

RECONNEXION À VOTRE ÂME, GUIDE INTÉRIEUR

"NOUS SOMMES LE CHANGEMENT QUE NOUS ATTENDONS"

BARACK OBAMA

CONFIANCE
est la clé

VIVRE
au présent

APPRENDRE
de l'échec

LE RISQUE
est votre allié

L'art de lâcher prise

Le lâcher prise est un art que l'on oublie souvent dans nos modes de vie très remplis, en évolution rapide. Où l'on n'a ni le temps de réfléchir, ni de bousculer les codes. Il est important de libérer votre énergie de tout ce sur quoi vous n'avez pas de contrôle, de libérer cette énergie, cet espace pour construire la mission qui vous est propre.

Il existe des solutions simples à mettre en pratique dans votre vie quotidienne, pour donner à votre corps et à votre cerveau l'information de lâcher prise.
Un exercice ludique peut être de courir comme un diable du haut en bas d'une colline. Et de se sentir libre comme un oiseau, comme un poisson dans l'eau.

Exercice

1. Sur quoi avez-vous lâché prise aujourd'hui?

2. Comment est ce que vous vous sentez, quelles émotions viennent?

Danse des cinq rythmes

La danse des 5 rythmes (5Rhythms®) de Gabrielle Roth nous offre de vivre une expérience corporelle et psychique unique, dans l'instant, de laisser l'énergie circuler à travers le corps. 5Rhythms® est une pratique de méditation par le mouvement, juste une musique fantastique qui continue de nous appeler à danser, pour nous emmener au-delà de l'inhibition vers l'expansion. Un moyen physique de vous connecter à votre intelligence émotionnelle.

Portez simplement des vêtements confortables, prenez 30 minutes, avec suffisamment d'espace pour vous déplacer, connectez-vous à la musique et laissez votre corps parler sans restriction.

Après la danse, notez ce que vous avez ressenti, les idées, les mots qui ont surgi.

Guidée   Non guidée

PAGE DE SILENCE

Le silence et le vide et représentent un espace rien que pour soi. Un espace sûr où vous pouvez créer, construire quelque chose de nouveau. C'est une nécessité absolue de fournir à votre âme un terrain d'innovation, de solutions créatives.

Prenez le temps d'écouter le silence

Après votre moment de silence, écrivez ci-dessus les idées qui viennent... ou gardez une page vide

Le silence

Page d'Observation

Comme le silence, l'observation sans jugement permet de se connecter, de ressentir son environnement. Vous observez avec vos yeux, avec vos oreilles, avec tout votre corps et vos sensations. Vous pouvez le faire de deux manières :

- **Informelle** : prenez juste quelques minutes, une "pause respiratoire" pour observer tout ce qui vous entoure.
- **Marche méditative** : prenez un temps que vous pouvez adapter à votre emploi du temps (de 10 mn par jour à plusieurs heures, ou plus). Gardez juste le silence comme compagnon.

L'exercice peut être effectué n'importe où autour de vous, dans n'importe quelle situation, mais surtout avec un regard neuf et sans préjugés ou jugement.

Exercice

1. Qu'avez-vous fait ?

2. Noter vos ressentis après l'expérience
   - Sensations
   - Avez-vous vu / entendu quelque chose d'inattendu ?

Répéter régulièrement l'exercice, l'inclure dans une routine quotidienne vous permettra de l'ancrer dans vos cellules

Page de chiffres – Personnel

Point de vue de l'individu, personne, ou famille,

Écrire :

1. Tous les frais auxquels vous avez à faire face et que jvous devez couvrir

2. Toutes les dépenses que vous êtes prêt à accepter

3. Tous les investissements que vous souhaitez réaliser

PAGE DE SILENCE

Le silence et le vide et représentent un espace rien que pour soi. Un espace sûr où vous pouvez créer, construire quelque chose de nouveau. C'est une nécessité absolue de fournir à votre âme un terrain d'innovation, de solutions créatives.

Après votre moment de silence, écrivez ci-dessus les idées qui viennent... ou gardez une page vide

Le silence

La Mission du Leader

VOTRE CONTRIBUTION AU MONDE

Après avoir effectué tous les exercices ci-dessus, notez pêle-mêle tous les mots qui vous viennent spontanément sur la façon dont vous, en tant qu'individu, voulez avoir un impact sur le monde. Sur ce qui vous dynamise le matin.

Les possibilités sont infinies.
Soyez ambitieux, ne posez aucune restriction pour le moment.

Rassemblez ces mots et reformulez-les en une phrase.
À la fin, votre impact sera au niveau où vous le porterez, comme le colibri dans le conte du colibri (voir page suivante).

Tableau de Visualisation Mission

Créer un tableau de visualisation représentant ma mission et contribution au monde

Positionnez-le où vous pouvez le voir quotidiennement.
Partagez-le sur Instagram, en taguant @morganerollando_soulbiz

Arbre de Vie Économique TRONC

La mission du dirigeant, du leader représente votre propre mission, ce qui vient de vos tripes et la raison qui vous donnera l'énergie de vous lever chaque matin pour aller l'accomplir.

Mission de l'entrepreneur :
Mettez des mots qui découle des émotions, sur votre « mission » d'entrepreneur, de personne. Ces mots sont représentés au sein du tronc d'arbre.

Vision de l'entrepreneur :
Décrivez votre situation « idéale », en écoutant vibrer les émotions qui en découlent. Écrivez les mots qui ont une résonnance positive, agréable.

Écrire dans le tronc de l'**Arbre de Vie Économique**
comme votre essence vibratoire

Conte du Colibri

Cela se passe dans la forêt amazonienne.

Dans cette forêt, l'on voit des arbres à perte de vue, mais en regardant un peu mieux, on aperçoit un arbre plus grand et plus haut que tous les autres.

Cet arbre a des branches qui disent : « Venez à moi, peuple des oiseaux ! Venez à moi, je vous accueille ».

Et tout ce petit monde piaille, joue, discute … vit en harmonie.

Mais un jour, arrive un grand malheur, l'arbre prend feu, les oiseaux impuissants s'élèvent dans le ciel contemplant leur arbre partir en fumée.

A travers la fumée, ils distinguent un petit oiseau qui va à la rivière prendre une goutte d'eau dans son bec et la déposer sur l'arbre. Il retourne à la rivière prendre une goutte d'eau dans son bec et la jette sur l'arbre et retourne encore à la rivière inlassablement, prend une goutte d'eau dans son bec et la dépose sur l'arbre.

Et ce petit oiseau, c'est le colibri.

Vous savez, ce petit oiseau multicolore avec un long bec pour sucer le nectar des fleurs.

« Mais colibri, que fais-tu ? Viens ! Cela ne sert à rien, viens rejoins-nous ! »

« Je fais ma part, je fais ma part, je fais ma part de travail pour éteindre le feu ! »

« Et vous aussi, vous aussi venez faire votre part, faire votre part ! Votre part de travail pour éteindre le feu. »

Les oiseaux se regardent, perplexes.

Et dans un même élan, ils s'élancent vers la rivière, prennent une goutte d'eau dans leur bec et la dépose sur l'arbre, puis retournent à la rivière prendre une goutte d'eau dans leur bec et la jettent sur l'arbre et retournent encore à la rivière, inlassablement prennent une goutte d'eau dans leur bec et la dépose sur l'arbre.

Et ces millions de gouttes d'eau forment une pluie si fine et si dense que le feu finit par s'éteindre.

Depuis ce jour, l'arbre reverdit, l'harmonie est revenue en son sein et chacun a gardé en mémoire qu'il doit faire sa part.

Ensemble, nous faisons la différence.

C'est à vous de décider, maintenant, de prendre votre part à la transformation du monde, et de faire de votre mieux, selon vos propres convictions et capacités

Check in hebdomadaire

- Statut des objectifs

- Est-ce que vous êtes sur la bonne voie ?

- Comment faites-vous actuellement l'expérience de vos émotions er sentiments ?

- Qu'est-ce que cela vous apprend ?

- Comment les utilisez-vous ?

- Quel domaine avez-vous encore à travailler ?

- Sur quel domaine souhaitez-vous vous concentrer d'avantage ?

- Liste de vos prochaines tâches prioritaires

PHASE 3

CONNEXION AVEC VOTRE ENTREPRISE

Maintenant que vous avez exploré votre propre sensibilité en tant que leader, nous allons explorer la raison d'être de votre entreprise. Nous considérons votre entreprise / organisation / projet professionnel comme une entité distincte, quelle que soit sa taille. C'est un organisme vivant à part entière, avec un chemin et une évolution qui lui sont propres.

Entreprise, organisme vivant

"LA LOGIQUE VOUS MÈNERA D'UN POINT A À B.
L'IMAGINATION VOUS MÈNERA PARTOUT"

ALBERT EINSTEIN

Succès professionnels

Sélectionnez quelques moments professionnels où vous avez clairement eu le sentiment d'avoir réussi.

- Que s'est-il passé ?

- Quels ont été les éléments majeurs de succès ?

- Comment y avez-vous contribué ?

- Que feriez-vous différemment ? Et comment ?

- Que feriez-vous à l'identique ?

- Comment vous sentiez-vous à ce moment-là ?
- Quelles étaient vos émotions ?

Revers professionnels, échecs

Remémorez-vous quelques situations professionnelles où vous vous êtes senti en échec. Analisez les raisons ayant conduit à cet échec.

- Que s'est-il passé ?

- Qu'est-ce qui a causé le revers, le résultat négatif ?

- Que feriez-vous différemment ? Et comment ?

- Que feriez-vous à l'identique ?

- Comment y avez-vous contribué ? Quel a été votre rôle actif ?

- Quels ont été vos sentiments, mes émotions à ce moment-là ? Juste avant le « crash » ? Juste après ?

Laissez votre entreprise s'exprimer

Tenez-vous prêt à accueillir l'âme de votre entreprise.

Mettez-vous dans une position confortable, assis ou allongé, dans un environnement calme et détendu pendant les 30 à 60 prochaines minutes. Puis branchez la méditation "Le Chant de la mer"

Écrivez tout ce qui vous vient à l'esprit

Qu'avez-vous vu ?

Comment vous est apparu votre entreprise ou projet professionnel ?

Méditation
Chant de la mer

Raison d'être de l'entreprise

Notez tout ce qui vous vient à l'esprit sur les sujets suivants

Quel est le rôle positif de votre entreprise pour le monde ?

Comment votre entreprise répond-elle aux besoins devos clients ?
Aux besoins des parties prenantes ?

Cette raison d'être est au cœur de votre modèle économique. Elle représente votre solution unique à un problème rencontré par un segment de clientèle, ou qui crée de la valeur pour le segment de clientèle.

C'est la colonne vertébrale de votre business

Arbre de Vie Économique
COEUR

La raison d'être est clairement au cœur de votre entreprise, de votre projet. Toutes les décisions et actions qui seront prises à l'avenir devront être prises en se référant à avec son impact ou son lien avec la raison d'être.

Raison d'être de l'entreprise :

Écouter les vibrations précédentes, percevez leur message et mettez-y des mots en alignement avec la mission de l'entrepreneur. C'est ce que l'on retrouve dans la proposition de valeur du business model canvas

Écrivez-le en une phrase et remplissez-le au cœur de l'**Arbre de Vie Économique**

- A quel besoin / problème répond l'entreprise ?

- Qu'est-ce qu'elle apporte à vos clients ?

- Quelle est votre valeur ajoutée ?

- Quels sont voss points forts / uniques pour cette valeur ajoutée

- Concrétisation en association de produits / services

Écrivez-le en une phrase et remplissez-le au cœur de l'**Arbre de Vie Économique**

Page de Chiffres – Business

Reprenez les chiffres clés et essentiels à la gestion de votre entreprise ou projet professionnel et plus encore, ainsi que ce dont vous aurez besoin à l'avenir.

PAGE DE SILENCE

Le silence et le vide et représentent un espace rien que pour soi. Un espace sûr où vous pouvez créer, construire quelque chose de nouveau. C'est une nécessité absolue de fournir à votre âme un terrain d'innovation, de solutions créatives.

Prenez le temps d'écouter le silence

Après votre moment de silence, écrivez ci-dessus les idées qui viennent...
ou gardez une page vide

Le silence

Arbre de Vie Économique™ 1ere FEUILLE

Clients :

Les clients sont au cœur de votre entreprise, c'est à eux que vous apportez des solutions, ce sont aussi eux qui permettent à votre entreprise de briller et de bénéficier de la prospérité économique pour accomplir la Raison d'Être.

Être connecté à vos clients est crucial, car ils sont les premiers bénéficiaires de l'activité, mais aussi vos premiers ambassadeurs auprès de nouveaux clients.

Écrivez-le dans la 1ère feuille de l'**Arbre de Vie Économique™**

Votre client idéal

Groupes de personnes ou d'entreprises que vous essayez de cibler et à qui sont déjà ou potentiellement acheteurs de vos produits ou services.

Décrivez-le en des termes qui correspondent à votre objectif commercial
- Marché de masse
- Marché de niche
- Segmenté
- Diversifié
- Des marchés multiples

Qui sont-ils ?

Quels sont leurs besoins ? Quelles sont leurs spécificités ?

Les classer en segments

Dans quelle mesure sont-ils sensibles à votre approche, offre, produit ?

Qui est le décideur ?

A quelles tranches d'âge appartiennent-ils ?

Quels sont leurs besoins ? Leurs particularités ?

Arbre de Vie Économique™ 2ème FEUILLE

5 Relations Clients

Relation client:

La base de toute relation est la confiance ; savoir et respecter ce que nous pouvons attendre les uns des autres, et évoluer ensemble. Le comment renvoie aux canaux de communication, et le pourquoi est en lien direct avec la raison d'être, qui est le ciment de la relation, et de l'accomplissement des deux parties prenantes.

Écrivez-le dans la 2ème feuille de l'**Arbre de Vie Économique™**

Relations clients

Le type de relation que vous entretenez avec chacun de vos segments de clientèle, la manière dont vous interagissez avec eux tout au long de leur parcours avec votre entreprise

- Approche personnalisée
- En libre-service
- Services automatisés
- Communautés
- Co-création

Quel type d'interaction avez-vous ou souhaitez-vous avec chaque segmentation client, avec chaque offre offre ?

Comment vont-ils vous connaître ?
Quels canaux de communication, quelle stratégie adopter vis-à-vis de chaque segment de clientèle.

Vos relations clients sont-elles personnalisées ou automatisées ?

Comment allez-vous acquérir de nouveaux clients et fidéliser les anciens ?

Arbre de Vie Économique™ 3ème FEUILLE

> 6
> Canaux de distribution

Canaux de distribution :

C'est au travers d'eux que vos clients reçoivent le produit ou le service que vous leur fournissez. Ils sont cruciaux car ils influencent fortement la première réception, la perception du service, du produit, de la relation, et reflète la façon dont le client se sent traité.

Et la satisfaction du client est sur en tête de la liste de vos priorités.

Écrivez-le dans la 3ème feuille de l'**Arbre de Vie Économique™**

Canaux de distribution

Décrivez comment votre entreprise communiquera et touchera ses clients. Les canaux sont les points de contact qui leur permettent de se connecter avec votre entreprise.

Ces canaux de distribution jouent un rôle dans la sensibilisation des clients à votre produit ou service et dans la livraison de vos propositions de valeur.
Ils peuvent être directs ou indirects

- Où votre produit/service sera-t-il vendu ? Sur Internet? Dans les magasins physiques, sur les salons professionnels ? Comment vos clients connaîtront-ils votre offre ?

- Quelles relations existent entre ces canaux ?

- Quel canal est le mieux adapté à chaque segment de clientèle ?

Arbre de Vie Économique™
4ème FEUILLE

7 Sources de Revenus

Sources de Revenu :

Son calcul est un subtil dosage entre

1. La trésorerie nécessaire pour couvrir vos couts et vous permettre de dérouler la raison d'être
2. Le prix que le client est prêt à payer pour la valeur qu'il accorde à votre produit/service
3. Les moyens du client

Écrivez-le dans la 4ème feuille de l'**Arbre de Vie Économique™**

Sources de revenu

Les flux de revenus sont les sources à partir desquelles une entreprise génère de l'argent en vendant son produit ou service aux clients.

Comment allez-vous gagner des revenus en associant vos clients à la raison d'être de votre entreprise?

Flux de revenus :

- Revenu basé sur les transactions (paiement unique)
- Revenus récurrents (paiements continus pour services continus)

Génération de revenus :

- Ventes d'actifs : en vendant les droits de propriété d'un produit à un acheteur Frais d'utilisation
- Frais d'abonnement
- Prêt / crédit-bail / location / licence
- Frais de courtage
- Publicité
- Honoraires

Associez des chiffres à tous ces flux de trésorerie

Chiffres liés au revenu

Arbre de Vie Économique™ 5ème FEUILLE

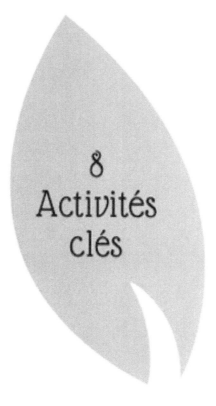

Activités clés :

C'est ce que l'entreprise livre à son client, la solution au problème résolu.

Écrivez-le dans la 5ème feuille de l'**Arbre de Vie Économique™**

Activités clés

Quelles sont les activités / tâches qui doivent être accomplies pour atteindre la raison d'être et l'objectif commercial ?

Dans cette section, dressez la liste de toutes les activités clés que doit faire l'entreprise pour que son modèle fonctionne.

- Production
- Résolution de problèmes : trouver de nouvelles solutions aux problèmatiques rencontrées par les clients.
- Plateforme/réseau

Arbre de Vie Économique™ 6ème FEUILLE

9 Ressources clés

Ressources clés :

Les ressources clés sont le support de votre activité, de sa réalisation envers le client.

De ces ressources dépendent la qualité et la vitesse d'exécution, donc de la satisfaction client.

Écrivez-le dans la 6ème feuille de l'**Arbre de Vie Économique™**

Ressources clés – internes

C'est là que vous allez lister quelles ressources clés et les éléments entrants principaux dont l'entreprise doit disposer, pour élaborer ses activités clés et faire vivre sa raison d'être, créer sa proposition de valeur. Les ressources sont les moyens
- Humain
- Financier
- Matériel
- Intellectuel
- Matières premières

Arbre de Vie Économique™ 7ème FEUILLE

10 Partenaires clés

Partenaires clés :

Avec la raison d'être et l'alignement comme moteurs, la gestion d'entreprise inclut toutes les parties prenantes en tant que bénéficiaires ou participants à cet objectif. Par conséquent, le choix des partenaires clés est très important. Il repose sur la confiance dès part et d'autre, ainsi que sur une adhésion commune à la raison d'être.

Présentez-leur les grandes lignes de la raison d'être, en définissant avec eux et mettant en avant leur rôle fera partie des premières discussions avec ces partenaires.

Écrivez-le dans la 7ème feuille de l'**Arbre de Vie Économique™**

Partenaires clés – externes

Considérez toutes les parties prenantes ayant un lien avec votre mission d'entreprise comme faisant partie de votre aventure entrepreneuriale, en les intégrant comme contributeurs actifs de sa raison d'être.

Les partenaires clés sont des entreprises, des fournisseurs externes, des banquiers, des conseillers, des membres de votre écosystème, des acteurs publics qui vous aideront à réaliser les activités clés.

- Qui sont ces partenaires ?

Arbre de Vie Économique™ 8ème FEUILLE

11 Structures de Coûts

Structure de coûts :

Les coûts doivent à la fois maximiser la valeur des activités et services rendus au client, tout en étant les plus minimalistes possibles pour assurer la rentabilité et la prospérité économique du business. Ils seront à calculer dans un équilibre subtil de ces deux approches.

Écrivez-le dans la 8ème feuille de l'**Arbre de Vie Économique™**

Structure de coûts

Identifiez tous les coûts associés à l'exploitation de votre modèle économique.

Concentrez-vous sur l'évaluation du coût directement liés à création et la réalisation de vos activités clés, en lien avec la raison d'être de votre entreprise.

- Vos coûts fixes:

- Vos coûts variables:

Mise en chiffres des coûts

Mise en chiffres

Rassemblez tous les éléments du modèle économique pour monter un compte de résultat approprié à votre projet

- Établissez-les sur une année ou un mois type, pour évaluer la viabilité du modèle économique

- Pour les 3-5 années à venir, construire un business plan, en prenant en compte la courbe de croissance

- Établir un budget détaillé (charges / produits) pour les 12 mois à venir

- Établir des prévisions de trésorerie détaillées (flux de cash) pour les 12 mois à venir

Tableau de visualisation business

Afin de commencer l'exercice, plongez-vous dans les données de votre entreprise.

Check in hebdomadaire

- Statut des objectifs

- Est-ce que vous êtes sur la bonne voie ?

- Comment faites-vous actuellement l'expérience de vos émotions er sentiments ?

- Qu'est-ce que cela vous apprend ?

- Comment les utilisez-vous ?

- Quel domaine avez-vous encore à travailler ?

- Sur quel domaine souhaitez-vous vous concentrer d'avantage ?

- Liste de vos prochaines tâches prioritaires

PHASE 4

MODÈLE ÉCONOMIQUE

Maintenant que vous avez conçu votre modèle économique, vous allez le porter au monde extérieur : le marché. Vous devez comprendre l'environnement dans lequel vous évoluez.

Les opportunités et les menaces sont des facteurs exotiques, externes à entreprise, qui ont un impact sur le marché ou sur votre entreprise directement.
Vous pouvez profiter des opportunités et vous protéger des menaces, mais vous ne pouvez pas les changer.
Les exemples incluent les concurrents, les prix des matières premières et les tendances d'achat des clients. Chaque entreprise dresse sa propre liste des opportunités et des menaces.

"IL FAUT TOUJOURS VISER LA LUNE, CAR MÊME EN CAS D'ÉCHEC, ON ATTERRIT DANS LES ÉTOILES"

NORMAN VINCENT PEALE

Arbre de Vie Économique™ ARC-EN-CIEL

Opportunités :

Les opportunités ont ou peuvent avoir un impact positif sur votre projet. Il est important de tirer profit des opportunités qui se présentent à vous. Et de piloter votre stratégie afin de surfer mieux sur ces opportunités.

Écrivez dans l'arc-en-ciel de l'**Arbre de Vie Économique™**

Opportunités

- **Développer** les opportunités = augmenter les impacts positifs

- **Exploiter** les opportunités = se préparer activement pour réagir dès qu'elles se présenteront, vous tenir prêt

- **Partager** les opportunités avec un partenaire qui est plus à même de saisir l'opportunité au profit de votre projet commun.

- **Accepter** les opportunités = se tenir prêt pour tirer parti de l'opportunité lorsqu'elle se présentera, sans agir dessus préalablement

Écrivez dans l'arc-en-ciel de l'**Arbre de Vie Économique™**

Arbre de Vie Économique™ ÉCLAIRS

Menace

Menaces :

Les menaces sont des éléments extérieurs à l'entreprise, présents sur le marché, ou l'écosystème, et qui peuvent avoir un impact négatif sur votre projet.

Écrivez dans l'éclair de l'**Arbre de Vie Économique™**

Menaces

Les stratégies sont généralement :

- **Transfert** : il est parfois préférable de transférer ces risques à un tiers qui peut mieux les gérer. C'est le rôle notamment de l'assurance.

- **Évitement** : vous pouvez éliminer les menaces et leur impact sur le projet en modifiant le plan du projet, en réduisant ou en modifiant la portée du projet ou en modifiant le calendrier du projet de manière à ce que le risque anticipé ne se produise pas en premier lieu.

- **Atténuer** : vous devez planifier les choses de manière à ce que l'impact ou la probabilité d'occurrence des menaces puissent être réduits à une limite acceptable pour votre business lorsqu'ils se produisent réellement.

- **Accepter** : dans ce scénario, il vaut mieux accepter le risque, soit activement, soit passivement. Dans le cas d'une acceptation passive, vous n'avez rien à faire, notez simplement la menace pour en être conscient.

Menaces

Dressez la liste de celles que vous connaissez ou avez identifiées, afin de concevoir une stratégie pour y faire face.

Menaces　　　　　　　　　　　　　**Stratégies**

Arbre de Vie Économique™ FEUILLES TOMBANTES positives

Impact positif

Impact positif :

Soyez heureux, épanoui et satisfait.
C'est exactement la raison pour laquelle vous avez monté cette entreprise, construit ce projet. Et c'est le plus important : quel impact positif vous percevez, vous-même, en tant que leader, du business.
Assurez-vous de bien le définir et de le garder en tête. Cela vous servira de guide dans les moments difficiles.

Écrivez l'impact positif dans les feuilles tombantes
de l'**Arbre de Vie Économique™**

Impact positif sur le leader

Votre entreprise / projet existe pour servir sa raison d'être envers le monde, et fournir des solutions, de la valeur à son client.

- Comment est-ce que cela répond aux besoins des dirigeants ?

Dressez la liste des impacts positifs que vous recevez des opérations professionnelles

- Satisfaction, reconnaissance, trésorerie suffisante pour satisfaire vos besoins financiers, vie sociale épanouissante, enrichissante…

Arbre de Vie Économique™ FEUILLES TOMBANTES négatives

Impact negatif

Impact négatif :

Bien sûr, diriger votre entreprise vous amène de la satisfaction. Mais le revers pesant de la médaille existe aussi. Il est important de reconnaître les impacts négatifs que la gestion de l'entreprise peut avoir sur vous, afin d'y travailler, et de les diminuer au maximum

Écrivez l'impact négatif dans les feuilles tombantes
de l'**Arbre de Vie Économique™**

Impact négatif sur le leader

Dressez la liste des impacts négatifs que vous recevezdes opérations :

- Stress, procès, nuits blanches, pas assez d'argent pour satisfaire votre niveau de vie, pas assez de temps pour voir ses proches, se détendre, prendre des vacances...

Comment pouvez-vous changer ou diminuer ces impacts négatifs ?

Les reconnaître, c'est déjà commencer à entrevoir une solution

PAGE DE SILENCE

Le silence et le vide et représentent un espace rien que pour soi. Un espace sûr où vous pouvez créer, construire quelque chose de nouveau. C'est une nécessité absolue de fournir à votre âme un terrain d'innovation, de solutions créatives.

Après votre moment de silence, écrivez ci-dessus les idées qui viennent...
ou gardez une page vide

Le silence

Place aux chiffres

Reprendre les projections financières que vous avez déjà déjà établies et ajustez-les pour prendre en compte la réponse environnementale, qu'elle soit externe ou interne

- Vous allez d'abord travailler sur une année ou un mois "classique", pour valider la viabilité du modèle économique

- Pour les 3-5 années à venir, reprenez-les sous forme de business plan, pour prendre en compte la courbe de croissance, avec un temps de pénétration du marché, ou de connaissance du produit

- Budget et prévisions de trésorerie pour les 12 mois à venir

Tableau de visualisation business

Même méthode que les tableaux de visualisation précédents, ajoutez des chiffres, des graphiques opérationnels et financiers

Partagez-le sur Instagram, en taguant
@morganerollando_soulbiz

Check in hebdomadaire

- Statut des objectifs

- Est-ce que vous êtes sur la bonne voie ?

- Comment faites-vous actuellement l'expérience de vos émotions er sentiments ?

- Qu'est-ce que cela vous apprend ?

- Comment les utilisez-vous ?

- Quel domaine avez-vous encore à travailler ?

- Sur quel domaine souhaitez-vous vous concentrer d'avantage ?

- Liste de vos prochaines tâches prioritaires

EXERCICES
&
RITUELS

*Intention du jour

Vous ne pouvez atteindre votre objectif que si vous l'avez préalablement fixé

- Quelle est votre intention pour aujourd'hui ? En rechercher une, ou la créer vous-même.

- Cela vous a-t-il aidé ?

- En quoi, et pourquoi ?

*Bonheurs du jour

Le cerveau garde en mémoire l'ambiance avec laquelle vous le nourrissez. Avant d'aller au lit, ou lorsque vous avez un moment dans votre emploi du temps, il est important de vous connecter à des sentiments positifs. Vous vous sentirez vous-même plus positif et les gens autour de vous commenceront à le ressentir.

Pour commencer, rappelez-vous des moments de joie qui vous sont arrivés dans la journée, qu'ils soient petits ou grands, professionnels ou personnels

> Regarder un film, passer du temps les enfants, boire un verre en terrasse, recevoir une félicitations d'un client... ?

- Qu'est-ce que vous avez fait ?

- Comment mettre en œuvre votre moment quotidien de rappel de joie ?

⁕Trois petits bonheurs

Prenez l'habitude quotidienne d'écrire trois petits bonheurs ou moments de joie qui vous sont arrivés dans la journée

- Bonheur 1

- Bonheur 2

- Bonheur 3

*Cahier de belles choses

Parmi ces belles choses, et belles histoires, il y en a de plus marquantes que d'autres.

Les écrire sur un cahier dédié, vous permet de les ancrer. Et aussi d'y replonger lorsque vous en aurez besoin, à des moments où les pensées négatives seront trop importantes pour être soutenables. Un peu comme reprendre un shoot de belles histoires, de petites et grandes réussites.

Et remettre un sourire sur votre visage avant de retourner régler les problèmes ou les pensées négatives

*Brûler des mémoires négatives

Un rituel simple à mettre en place, sur des pensées négatives, qui t'obsèdent, est de les écrire sur un papier, pour bien les visualiser, en prendre conscience. Et aussi t'en détacher.
Ensuite brûle ce papier, pour contribuer à diminuer les problèmes, à les réduire en cendres

- Qui ou quoi ?

- Pourquoi ?

- Comment est ce que vous vous sentez ?

*Bulle de protection

Dans la vie, vous avez parfois à faire face à des situations désagréables, à des personnes avec lesquelles vous vous sentez mal à l'aise. La tentation est grande d'éviter ces confrontations. Malheureusement, éviter la réalité ne fera qu'aggraver le problème, ou sa perception. Idem pour la procrastination.

La solution est bien d'y faire face. Avant de vous lancer, respirez, concentrez-vous sur vous-même, sur votre propre pouvoir et visualisez une bulle de protection invisible autour de vous. Visualisez les attaques mentales et verbales en train de rebondir sur votre bulle de protection, qui n'atteignent plus votre force intérieure.

- Qui ou quoi ?

- Comment est ce que vous vous sentez ?

*Temps de déconnexion

Prenez un temps, de 10 mn à plusieurs heures, de déconnexion totale des appareils électroniques et des réseaux sociaux

- Comment est ce que vous vous sentez ?

- Qu'avez-vous fait de ce temps « offert » ?

*Libérer de l'espace, respirer

Nettoyez, rangez votre maison ou votre bureau
Nettoyez, organisez votre esprit
Et libérez de l'espace pour le « nouveau »

- Où ?

- Quoi ?

- Comment est ce que vous vous sentez ?

*Geler une relation

Une relation toxique avec une personne peut être très bloquante et vous empêcher d'avancer.

Lorsque vous n'attendez plus rien d'une relation, ni en positif, ni en négatif, voici un exercice simple et très efficace pour vous alléger de l'emprise de cette relation..

- Qui ? Pourquoi ?

- Votre position

- Émotions ?

NB : cet exercice est un travail intentionnel sur une relation, en aucun cas sur la personne

Gel des relations

*Bonhommes allumettes

Exercice puissant pour rompre les attachements toxiques avec une autre personne, une situation ou un de vos traits de caractère

- Qui ?

- Pourquoi ?

- Qu'en avez-vous fait ?

- Comment est ce que vous vous sentez ?

*Bonhommes allumettes vidéos

 Personne

 Situation

 Soi

*L'effet miroir

L'effet miroir explique comment vos propres émotions, positives ou négatives, influencent votre environnement et comment vous pouvez être influencé par les émotions des autres.

Nous avons décrit des situations pour lesquelles vous pouviez influencer votre attitude et vos émotions vers des sentiments positifs, et les irradier vers les autres.

Maintenant, quand vous êtes de l'autre côté, influencé par les émotions négatives des autres, comment faire ? Visualisez-vous comme un miroir, réfléchissant et renvoyant leurs émotions négatives aux autres, tout en restant stable vous-même. Le miroir en soi n'a pas d'émotions, il reste le même en toute situation, et ne fait que refléter ce qui l'entoure.

Pratiquez de plus en plus ce renvoi sans être vous-même impacté. Et écrivez les situations ci-dessous

Situation

Votre réaction

Résultat

Vous découvrirez comment gérer vous-même les émotions positives ; et choisir d'en profiter, ou de les refléter

*Pile ou face

L'intuition du leader a toujours joué un grand rôle dans les moments importants de l'histoire (revenir aux batailles historiques). Parfois, lorsque vous devez prendre une décision entre 2 directions, les pours et les contre semblent avoir le même poids, vous laissant face à une phase d'indécision. Et l'indécision empêche l'action. Vous vous devez d'avancer d'une manière ou d'une autre. Un bon moyen d'éviter le sur-place est

1. Prenez une pièce de monnaie

2. Décidez quelle action sera dédiée à pile et laquelle à face

3. Lancer la pièce

4. Conformez-vous à son indication, agissez et arrêter de tourner en rond. L'avenir confirmera votre choix, ou vous permettra de changer de direction.

Pile   **Face**

L'indécision peut aussi signifier que ce n'est pas le bon moment pour décider ou répondre. Si cela vous convient, continuez simplement vos activités normales et attendez le bon moment pour vous décider. Vous aurez alors les éléments pour décider

✻Méditations

- La méditation est utilisée comme un outil pour se calmer, se débarrasser des pensées parasites, se concentrer et diriger son énergie

    - vers l'intention que vous vous êtes initialement fixée
    - retrouver la sérénité
    - clarifier des doutes, une situation

- La méditation proposée a été conçue pour vous connecter à votre entreprise ou projet professionnel. Vous pouvez aussi l'utiliser pour une intention ou un projet

- Installez-vous confortablement, dans un endroit où vous pouvez rester au calme pendant les 30 à 60 prochaines minutes

- Lâchez prise et profitez du voyage

Chant de la mer
Meditation

Écrivez les pensées et visualisations qui vous sont venues durant la méditation

Objectifs de dernière page

- Lesquels de vos objectifs se sont réalisés ?

- Sur lesquels êtes-vous en train de travailler ?

- Quels objectifs ont changé ?

- Qu'est-ce qui vous a aidé à les réaliser ?

- Qu'est que vous pouvez faire pour réaliser vos prochains objectifs ?

- Qui peut vous aider ?

- Quels sont les changements notables que vous avez mis en place? Dans votre vie personnelle et professionnelle.

Définitions

INTUITION

Connaissance directe, immédiate de la vérité, sans recours au raisonnement, à l'expérience.

HOLISTIQUE

Prendre en compte l'ensemble de quelque chose ou de quelqu'un et pas seulement une partie ; esprit et corps.

SYNCHRONICITÉ

C'est l'occurrence simultanée d'au moins deux événements qui ne présentent pas de lien de causalité, mais dont l'association prend un sens.

EFFET PAPILLON

De petits changements, des actions et des intentions, qui auront un effet très important sur votre vie, tant personnelle que professionnelle.

BIOMIMÉTISME

Inspiration venant de sélection naturelle adoptées par l'évolution, pour en pour trouver des solutions a des challenges.

NOUVEAU PARADIGME

Un nouvel ensemble de valeurs qui peut remplacer les anciennes qui ne s'appliquent plus ou ne résonnent plus.

Je tiens à vous féliciter pour toutes ces étapes, et vous remercier pour votre confiance!

Je suis ravie de continuer à contribuer à votre développement. Si vous souhaitez travailler plus profondément, en direct avec moi, vous êtes bienvenu.

www.morganerollando.com

"L'AVENIR N'EST JAMAIS QUE DU PRÉSENT À METTRE EN ORDRE. TU N'AS PAS À LE PRÉVOIR, MAIS À LE PERMETTRE"

ANTOINE DE SAINT-EXUPERY

NOTES:

NOTES:

NOTES:

NOTES:

NOTES:

Printed in France by Amazon
Brétigny-sur-Orge, FR